FRANK Weber

AF139061

Kinderlieder

100 Liedertexte, altbekannt und gern gesungen

Für Lilly

Frank Weber

Kinderlieder

100 Liedertexte der schönsten Kinderlieder

Altbekannt und immer wieder gern gesungen

3. Auflage
Bibliographische Information der Deutschen
Nationalbibliothek
Die Deutsche Nationalbibliothek verzeichnet diese
Publikation in der Deutschen Nationalbibliographie,
detaillierte bibliographische Daten sind im Internet
über http://dnd.d-nb.de abrufbar

Herstellung und Verlag BoD Books on Demand GmbH

ISBN 9783732230242 (Taschenbuch)
ISBN 9783848292110 (Ebook)

Vorwort zur 1. Auflage:

Man sagt, Kinder lieben die Musik, und das Singen bereite ihnen
Vergnügen. Manche behaupten sogar, Kinder würden musikalisch
geboren.

Die Beschäftigung mit Musik, und vor allem das Singen, fördern
nicht nur musikalische Gaben von Kindern; auch Kreativität,
Lernfreude und soziale Fähigkeiten der Kinder werden gestärkt.
Und das Üben in der Musik, speziell auch im Singen fördert die
kindliche Entwicklung und gibt Selbstsicherheit.

Das Musikinstrument zum Singen, die eigene Stimme hat das
Kind, wie übrigens jeder Mensch, immer dabei und wird, wenn
auch vielleicht am Anfang noch etwas zögerlich, so doch später
sicher umso mehr davon mit Begeisterung Gebrauch machen.

Die Melodien der altbekannten Lieder mögen Eltern und
Großeltern beisteuern. Die Texte von vielen bekannten und
beliebten Liedern, die von Kindern jeglichen Alters, auch von
Großen, mit Freude und Gewinn gesungen werden mögen, finden
sich in diesem Büchlein.

Marburg, im Mai 2013   Frank Weber

Vorwort zur 3. Auflage:

Nachdem das Kinderliederbuch seit mittlerweile einem Jahr auf
dem Markt ist, kam die Idee, die Anzahl der Lieder aufzurunden
auf volle Einhundert. Dazu habe ich noch einige Advents- und
Weihnachtslieder hinzugefügt, so dass die jungen Sängerinnen
und Sänger auch beim Musizieren zum Weinachtsfest auf die
bewährte Liedersammlung zurückgreifen können.

Marburg, im Mai 2014   Frank Weber

Inhaltsverzeichnis:

1. ABC, die Katze lief im Schnee

A B C, die Katze lief im Schnee.
Und als sie wieder raus kam,
da hat sie weiße Stiefel an.
O jeminne! O jeminne!
Die Katze lief im Schnee.

A B C, de Katze lief zur Höh!
Sie leckt ihr kaltes Pfötchen rein
und putzt sich auch die Stiefelein
Und ging nicht mehr, nicht mehr,
ging nicht mehr in den Schnee.

Text / Musik: Volkslied 19.JH

2.Aber Heidschi bumbeidschi

Aber Heidschi Bumbeidschi schlaf süße,
die Engelein lassen dich grüßen,
sie lassen dich grüßen und lassen dich frag'n,
ob du nicht im Himmel spazieren willst fahr'n.
aber Heidschi Bumbeidschi bum bum,
aber Heidschi Bumbeidschi bum bum.

Aber Heidschi Bumbeidschi im Himmel
da fährt dich ein schneeweißer Schimmel,
Drauf sitzt ein klein's Engel mit einer Latern',
Drein leuchtet vom Himmel der schönste der
Stern'.
Aber Heidschi Bumbeidschi bum bum,
Aber Heidschi Bumbeidschi bum bum.

Und der Heidschi Bumbeidschi is kommen,
Und hat mein klein's Büble mitg'nommen,
Er hat's mitgenommen und hat's nimmer bracht,
Drum wünsch ich mein'm Büble a recht gute Nacht.
Aber Heidschi Bumbeidschi bum bum,
Aber Heidschi Bumbeidschi bum bum.

3. Alle Jahre wieder

Alle Jahre wieder,
kommt das Christuskind
auf die Erde nieder,
wo wir Menschen sind.

Kehrt mit seinem Segen
ein in jedes Haus.
geht auf allen Wegen
mit uns ein und aus.

Ist auch mir zur Seite
still und unerkannt,
dass es treu mich leite
an der lieben Hand.

Aus dem Himmel ferne
Wo die Englein sind
Schaut doch Gott so gerne
Her auf jedes Kind.

T.: Wilhelm Hey 1789-1854 / M.: Friedrich Silcher 1789-1860

4. Alle meine Entchen

Alle meine Entchen
Schwimmen auf dem See,
Schwimmen auf dem See,
Köpfchen in dem Wasser,
Schwänzchen in die Höh.

Alle meine Hühner
Scharren in dem Stroh,
Scharren in dem Stroh,
Finden sie ein Körnchen,
Sind sie alle froh.

Alle meine Täubchen
Gurren auf dem Dach,
Gurren auf dem Dach,
Fliegt eins in die Lüfte,
Fliegen alle nach.

Alle meine Gänschen
Watscheln durch den Grund,
Watscheln durch den Grund,
Suchen in dem Tümpel,
Werden kugelrund.

Text / Musik: Volkslied 19. JH

5. Alle Vögel sind schon da

Alle Vögel sind schon da,
alle Vögel, alle.
Welch ein Singen, Musiziern,
Pfeifen, Zwitschern, Tiriliern
Frühling will nun einmarschiern,
kommt mit Sang und Schalle.

Wie sie alle lustig sind,
flink und froh sich regen.
Amsel, Drossel, Fink und Star
und die ganze Vogelschar
wünschen dir ein frohes Jahr,
lauter Heil und Segen

Was sie uns verkünden nun,
nehmen wir zu Herzen:
Alle wolln wir lustig sein,
lustig wie die Vögelein
hier und dort, feldaus, feldein,
singen, springen, scherzen.

Text: H.v.Fallersleben 1835
Musik: Melodie 15.JH, Satz nach M.Nathusius 1847

6. Alles neu macht der Mai

Alles neu macht der Mai,
macht die Seele frisch und frei
Lasst das Haus, kommt hinaus,
windet einen Strauß.
Rings erglänzet Sonnenschein,
duftend prangen Flur und Hain:
Vogelsang, Hörnerklang,tönt den Wald entlang.

Wir durchziehn Saaten grün,
Haine, die ergötzend blühn.
Waldespracht, neu gemacht
Nach des Winters Nacht.
Dort im Schatten an dem Quell
Rieselnd munter silberhell
Klein und Groß ruhn im Moos,
wie im weichen Schoß.

Hier und dort, fort und fort,
wo wir ziehn, Ort für Ort,
Alles freut sich der Zeit,
die verschönt erneut.
Widerschein der Schöpfung blüht
Uns erneuernd im Gemüt.
Alles neu, frisch und frei
macht der holde Mai.

Text: Hermann Adam v.Kamp / Musik: Volksweise 18. JH

7. Alles still in süßer Ruh,

Alles still in süßer Ruh,
drum mein Kind, so schlaf auch du.
Draußen säuselt schon der Wind,
su su su, schlaf ein mein Kind.
|:Su su su su su, schlaf ein mein liebes Kind!:|

Schließ du deine Äugelein,
laß sie wie zwei Knospen sein.
Morgen, wenn die Sonn erglüht,
sind sie wie die Sonn erblüht.
|:Su su su su su, schlaf ein mein liebes Kind:|

Und die Blümlein schau ich an,
und die Äuglein küss ich dann,
und der Mutter Herz vergisst,
dass es draußen finster ist.
|:Su su su su su, schlaf ein mein liebes Kind:|

Text: H.v.Fallersleben 1827 / Musik: Karl v.Wintersfeld 1827

8. Auf der Mauer, auf der Lauer

|:Auf der Mauer, auf der Lauer
sitzt 'ne kleine Wanze. :|
Seht Euch mal die Wanze an,
wie die Wanze tanzen kann.
Auf der Mauer, auf der Lauer
sitzt 'ne kleine Wanze.

|: Auf der Mauer, auf der Lauer ... :|
Seht Euch mal die Wanz an,
wie die Wanz tanz kann.
Auf der Mauer, auf der Lauer
sitzt 'ne kleine Wanz.

|: Auf der Mauer, auf der Lauer ... :|
Seht Euch mal die Wan an,
wie die Wan tan kann.
Auf der Mauer, auf der Lauer
sitzt 'ne kleine Wan.

|: Auf der Mauer, auf der Lauer .... :|
Seht Euch mal die Wa an,
wie die Wa ta kann.
Auf der Mauer, auf der Lauer
sitzt 'ne kleine Wa.

|: Auf der Mauer, auf der Lauer ... :|
Seht Euch mal die W an,
wie die W t kann.
Auf der Mauer, auf der Lauer
sitzt 'ne kleine W.

Text / Musik: Volkslied 19. JH

9. Auf einem Baum ein Kuckuck saß

Auf einem Baum ein Kuckuck,
Sim sa la bim, bam ba, sa la du, sa la dim
auf einem Baum ein Kuckuck saß.

Da kam ein junger Jäger
Sim sa la bim, bam ba, sa la du, sa la dim
Da kam ein junger Jägersmann.

Der schoss den armen Kuckuck,
Sim sa la bim, bam ba, sa la du, sa la dim
Der schoss den armen Kuckuck tot.

Und als ein Jahr vergangen,
Sim sa la bim, bam ba, sa la du, sa la dim
Und als ein Jahr vergangen war.

Da war der Kuckuck wieder,
Sim sa la bim, bam ba, sa la du, sa la dim
Da war der Kuckuck wieder da.

Da freuten sich die Leute,
Sim sa la bim, bam ba, sa la du, sa la dim
Da freuten sich die Leute sehr.

Text / Musik: Volkslied Bergisches Land 18. JH

10. Backe, backe Kuchen

Backe, backe, Kuchen,
der Bäcker hat gerufen!
Wer will guten Kuchen backen,
der muss haben sieben Sachen:
Eier und Schmalz,
Butter und Salz,
Milch und Mehl,
Safran macht den Kuchen gehl!
Schieb, schieb in'n Ofen 'nein.

Text / Musik: Kinderreim und Lied Sachsen, Thüringen ca.1840

11. Bruder Jakob

Bruder Jakob, Bruder Jakob,
schläfst du noch, schläfst du noch?
hörst du nicht die Glocken,
hörst du nicht die Glocken?
Ding ding dong, ding ding dong.

Frère Jacques, Frère Jacques
Dormez-vous, dormez-vous?
||: Sonnez les matines,:||
Ding ding dong, ding ding dong.

Are you sleeping? Are you sleeping?
Brother John, Brother John!
||: Morningbells are ringing :||
Ding, ding, dong. Ding, ding, dong.

Frà Martino, campanaro,
Dormi tu? Dormi tu?
||: Suona le campane!:||
Din don dan, din don dan.

Vader Jakob, vader Jakob,
Slaapt gij nog, slaapt gij nog?
||: Hoor de klokken luiden,:||
Bim bam bom, bim bam bom.

Text: Kanon in div. Sprachen/ Musik: nach franz. Melodie 17. JH

12. Brüderchen, komm tanz mit mir

Brüderchen komm tanz mit mir,
beide Hände reich ich dir.
Einmal hin, einmal her,
rund herum das ist nicht schwer.

Mit den Füßen tapp, tapp, tapp!
Mit den Händen klapp, klapp, klapp!
Einmal hin, einmal her,
rundherum das ist nicht schwer.

Mit dem Köpfchen, nick, nick, nick!
Mit den Fingern tick, tick, tick
Einmal hin, einmal her,
rundherum das ist nicht schwer.

Ei, das hast du gut gemacht,
ei, das hätt' ich nicht gedacht,
einmal hin, einmal her,
rundherum, das ist nicht schwer.

Noch einmal das schöne Spiel
weil es uns so gut gefiel
Einmal hin, einmal her,
rund herum das ist nicht schwer.

Text: Kinderlied 19.JH / Musik: Engelbert Humperdinck 1893

13. Bunt sind schon die Wälder

Bunt sind schon die Wälder,
gelb die Stoppelfelder
und der Herbst beginnt.
Rote Blätter fallen
graue Nebel wallen,
kühler weht der Wind.

Wie die volle Traube
aus dem Rebenlaube
purpurfarbig strahlt!
Am Geländer reifen
Pfirsiche mit Streifen
rot und weiß bemalt.

Flinke Träger springen
und die Mädchen singen,
alles jubelt froh!
Bunte Bänder schweben
zwischen hohen Reben
auf dem Hut von Stroh.

Geige tönt und Flöte
bei der Abendröte
und im Mondesglanz;
junge Winzerinnen
winken und beginnen
frohen Erntetanz

Text: J.G.Frhr. v.Salis-Seewis 1782 / Musik: J.F. Reichhardt 1799

14. Das Wandern ist des Müllers Lust

|: Das Wandern ist des Müllers Lust :|
das Wandern!
Das muss ein schlechter Müller sein
|: dem niemals fiel das Wandern ein :|
Das Wandern, das Wandern, das Wandern...

|: Vom Wasser haben wir's gelernt :|
vom Wasser!
Das hat nicht Ruh' bei Tag und Nacht
|: ist stehts auf Wanderschaft bedacht :|
Das Wasser, das Wasser, das Wasser...

|: Das sehn wir auch den Rädern an :|
den Rädern!
Die gar nicht gerne stille steh'n
|: und sich bei Tag nicht müde drehn :|
Die Räder, die Räder, die Räder...

|: Die Steine selbst so schwer sie sind :|
die Steine!
Sie tanzen mit den muntern Rhein
|:und wollen gar noch schneller sein :|
Die Steine, die Steine, die Steine...

|: O Wandern, Wandern, meine Lust :|
o Wandern!
Herr Meister und Frau Meisterin
|: Lasst mich in Frieden weiterziehn :|
Und wandern, und wandern, und wandern...

Text: Wilhelm Müller 1818 / Musik: C.F. Zöllner 1844

15. Der Kuckuck und der Esel

Der Kuckuck und der Esel,
die hatten einen Streit,
|: wer wohl am besten sänge, :|
|: zur schönen Maienzeit, :|

Der Kuckuck sprach: „Das kann ich"
und hub gleich an zu schrein.
|: „Ich aber kann es besser!" :|
|: fiel gleich der Esel ein. :|

Das klang so schön und lieblich,
so schön von fern und nah.
|: Sie sangen alle beide; :|
|: kuku kuku i-a! :|

Text: Hofmann v.Fallersleben 1835 / Musik: Carl Friedr. Zelter 1810

16. Der Mai ist gekommen

Der Mai ist gekommen, / Die Bäume schlagen aus,
Da bleibe, wer Lust hat, / Mit Sorgen zu Haus!
Wie die Wolken wandern / Am himmlischen Zelt,
So steht auch mir der Sinn / In die weite, weite Welt.

Herr Vater, Frau Mutter, / Dass Gott euch behüt!
Wer weiß, wo in der Ferne / Mein Glück mir noch blüht;
Es gibt so manche Straße, / Da nimmer ich marschiert,
Es gibt so manchen Wein, / Den ich nimmer noch probiert

Frisch auf drum, frisch auf drum /
Im hellen Sonnenstrahl!
Wohl über die Berge, / Wohl durch das tiefe Tal!
Die Quellen erklingen, / Die Bäume rauschen all;
Mein Herz ist wie'n Lerche / Und stimmet ein mit Schall.

Und abends im Städtchen, / Da kehr ich durstig ein:
"Herr Wirt, Herr Wirt, / Eine Kanne blanken Wein!
Ergreife die Fiedel, / Du lustger Spielmann du,
Von meinem Schatz das Liedel, / Das sing ich dazu!"

Und find ich keine Herberg, / So lieg ich zur Nacht
Wohl unter blauem Himmel, / Die Sterne halten Wacht;
Im Winde die Linde, / Die rauscht mich ein gemach,
Es küsset in der Früh / Das Morgenrot mich wach.

O Wandern, o Wandern, / Du freie Burschenlust!
Da wehet Gottes Odem / So frisch in die Brust;
Da singet und jauchzet / Das Herz zum Himmelszelt:
Wie bist du doch so schön, / O du weite, weite Welt!

Text: Emanuel Geibel 1834 / Musik: Justus Wilhelm Lyra 1843

17. Der Sandmann ist da

Der Sandmann ist da,
der Sandmann ist da!
Er hat so schönen weißen Sand,
ist allen Kindern wohlbekannt.
Der Sandmann ist da!

Der Sandmann ist da,
der Sandmann ist da!
Da guckt er schon zum Tor herein,
er weiß, wo schöne Mädchen sein.
Der Sandmann ist da!

Text / Musik: Volkslied 19. JH

18. Der Schornsteinfeger

Wenn ich morgens früh aufstehe,
und nach meiner Arbeit sehe,
schau ich hin und schau ich her,
ob noch was zu kehren wär.

Mein Gesicht ist schwarz wie Kohle
von dem Scheitel bis zur Sohle,
und mein Herz ist frisch und frei,
liebt die Schornsteinfegerei.

Steige dann auf meine Leiter
immer höher immer weiter;
fall ich in den Schornstein rein,
fang ich ganz laut an zu schrein
"HILFE"

Text: / Musik: Kinder- + Vokslied Berlin 19. JH

19. Der Winter ist vergangen

Der Winter ist vergangen, ich seh' des Maien Schein,
ich seh die Blümlein prangen, des ist mein Herz erfreut.
So fern in jenem Tale, da ist gar lustig sein,
da singt Frau Nachtigalle und manch Waldvögelein.

Ich geh, ein' Mai zu hauen, hin durch das grüne Gras,
schenk meinem Buhl die Treue, die mir die Liebste was.
Und bitt, dass sie mag kommen, all vor dem Fenster stahn,
empfangen den Mai mit Blumen, er ist gar wohl getan.

Er nahm sie sonder Trauern in seine Arme blank,
der Wächter auf den Mauern hub an ein Lied und sang:
Ist jemand noch darinnen, der mag bald heimwärts gahn.
Ich seh den Tag herdringen schon durch die Wolken klar.

Ach, Wächter auf den Mauern, wie quälst du mich so hart!
Ich lieg in schweren Trauern, mein Herze leidet Schmerz.
Das macht die Allerliebste, von der ich scheiden muss;
das klag ich Gott, dem Herren, dass ich sie lassen muss.

Adjeu, mein Allerliebste, adjeu, schön Blümlein fein,
adjeu, schön Rosenblume, es muss geschieden sein.
Bis dass ich wieder komme, bleibst du die Liebste mein;
das Herz in meinem Leibe gehört ja allzeit dein.

Text / Musik: Volkslied 17. JH

20. Die Affen rasen durch den Wald

Die Affen rasen durch den Wald,
der eine macht den andern kalt,
die ganze Affenbande brüllt:
|:Wo ist die Kokosnuss? Wo ist die Kokosnuss?
Wer hat die Kokosnuss geklaut?:|

Die Affenmama sitzt am Fluss
und angelt nach der Kokosnuss,
die ganze Affenbande brüllt: Wo ist die Kokosnuss? ...

Der Affenonkel, welch ein Graus,
reißt ganze Urwaldbäume aus,
die ganze Affenbande brüllt: Wo ist die Kokosnuss? ...

Der Elefant im Urwald spricht:
Hier in dem Dickicht ist sie nicht,
die ganze Affenbande brüllt: Wo ist die Kokosnuss? ...

Die Affenbraut denkt selbst beim Kuss
nur immer an die Kokosnuss,
die ganze Affenbande brüllt: Wo ist die Kokosnuss? ...

Das Affenbaby voll Genuss
hält in der Hand die Kokosnuss,
die ganze Affenbande brüllt:
|:"Hier ist die Kokosnuss! Hier ist die Kokosnuss!
Es hat die Kokosnuss geklaut".:|

Und die Moral von der Geschicht',
klau keine Kokosnüsse nicht,
weil sonst die ganze Bande brüllt: Wo ist die ...

Deutsches Volkslied, um 1950

21. Die Blümelein sie schlafen

Die Blümelein, sie schlafen,
schon längst im Mondenschein,
sie nicken mit ihren Köpfchen
auf ihren Stengelein.
Es rüttelt sich der Blütenbaum,
er säuselt wie im Traum;
schlafe, schlafe,
schlaf, du, mein Kindelein.

Die Vögelein, sie sangen
so süß im Sonnenschein,
sie sind zur Ruh' gegangen
in ihre Nestchen klein;
das Heimchen in dem Ährengrund,
es tut allein sich kund.
Schlafe, schlafe, du mein Kindlein.

Sandmännchen kommt geschlichen
und guckt durchs Fensterlein,
ob irgend noch ein Liebchen
nicht mag zu Bette sein;
und wo er noch ein Kindchen fand
streut er ins Aug' ihm Sand:
Schlafe, schlafe, du mein Kindlein.

Sandmännchen aus dem Zimmer,
es schläft mein Herzchen fein,
es ist gar fest verschlossen
schon sein Guckäugelein.
Es leuchtet morgen mir Willkomm
das Äugelein so fromm!
Schlafe, schlafe, du mein Kindlein.

Text / Musik: Anton Florentin von Zuccalmaglio

22. Dornröschen

Im tiefen Wald im Dornenhag,
da schläft die Jungfrau hundert Jahr,
es schläft die Flieg an der Wand,
in dem Schloß
Hund und Ross,
es schläft wohl auf dem Herd der Brand.

Der Ritter zog sein Schwert da frisch
und hieb sich ab das Dorngebüsch,
und ging hinein ins Königshaus,
ins Kämmerlein
zum Bettelein,
küsst auf den Mund die schlafende Braut.

Da wacht das schöne Mägdelein,
schenkt ihm ihr feines Ringelein,
die Flieg erwachet an der Wand,
in dem Schloss
Hund und Ross,
auf dem Herd erwacht der Feuerbrand.

Text / Musik: Volkslied Niederrhein 19. JH

23. Drei Chinesen mit dem Kontrabass

Drei Chinesen mit dem Kontrabass
Saßen auf der Strasse und erzählten sich was.
Da kam die Polizei,
‚Ja, was ist denn das?'
Drei Chinesen mit dem Kontrabass.

Singt das Lied jeweils einmal auf a,e,i,o,u,ä,ö,ü,ei,eu

z.B.:
Der Chenesen met dem Kentrebeß
Seßen ef der Stresse end erzehlten sech wes.
De kem de Peleze,
'Je, wes est denn des?'
Dre Chenesen met dem Kentrebeß.

Dra Chanasan mat dam Kontrabass ...

Dri Chinisin mit dim Kintribiss ...

Dro Chonoson mot dom Kontroboss ...

Und so weiter ...

Text / Musik: Spiel- + Kinderlied 20. JH

24. Dunkel war's, der Mond schien helle

Dunkel war's, der Mond schien helle,
Schneebedeckt die grüne Flur
als ein Wagen blitzesschnelle,
langsam um die Ecke fuhr

        Drinnen saßen stehend Leute
        schweigend ins Gespräch vertieft
        als ein totgeschossener Hase
        auf der Sandbank Schlittschuh lief

Und der Wagen fuhr im Trabe
rückwärts einen Berg hinauf
Droben zog ein weißer Rabe
grade eine Turmuhr auf

        Und auf einer roten Banke,
        Die blau angestrichen war
        Saß ein blond gelockter Jüngling
        Mit kohlrabenschwarzem Haar.

Ringsumher herrscht tiefes Schweigen
und mit fürchterlichem Krach
spielten in des Grases Zweigen
zwei Kamele lautlos Schach

        Und zwei Fische liefen munter
        durch das blaue Kornfeld hin
        Endlich ging die Sonne unter
        und der graue Tag erschien

Droben auf dem Apfelbaume,
der sehr süße Birnen trug,
hing des Frühlings letzte Pflaume
und an Nüssen noch genug.

        Dies Gedicht von Wolfgang Goethe
        schrieb Schiller in der Abendröte
        als er auf dem Nachttopf saß
        und die Morgenzeitung las

Text: Gedicht Sachsen 19. JH / Musik: Volkslied 19. JH

25. Eh noch der Lenz beginnt - Märzlied

Eh noch der Lenz beginnt,
Schnee von den Bergen rinnt,
Singet das Vögelein schon
Freudigen Ton.

Noch blüht kein Veilchen blau;
Noch ist der Wald so grau.
Was mag das Vögelein
Denn so erfreun?

Wärme und heller Schein
Hauchen ihm Leben ein.
Bald kommt mit neuem Glück
Frühling zurück.

Voll dieser Fröhlichkeit
Singt's ob der dürren Heid',
Lernt auf den künft'gen Mai
Lieder sich neu.

Text: Abraham E. Fröhlich ~1830 / Musik: E. Adolf Wendt ~1840

26. Eia popeia, was raschelt im Stroh

Eia popeia,
was raschelt im Stroh?
Das sind die lieben Gänschen,
die hab'n keine Schuh.
Der Schuster hat Leder,
kein'n Leisten dazu,
drum geh'n die lieben Gänschen
und hab'n keine Schuh.

Suse, liebe Suse,
schlägt's Küchelchen tot!
Es legt mir keine Eier
und frisst mir mein Brot.
Da rupfen wir alle
die Federchen aus
und machen dem Kindlein
sein Bettchen daraus

Suse, liebe Suse,
ist das eine Not!
Wer schenkt mir einen Dreier
zu Zucker und Brot?
Verkauf ich mein Bettchen
und leg mich aufs Stroh,
da sticht mich keine Feder
und beisst mich kein Floh.

Text aus Des Knaben Wunderhorn 1808 C. Brentano
Musik: Volksweise 1858

27. Ein Hund kam in die Küche

Ein Hund kam in die Küche
und stahl dem Koch ein Ei,
da nahm der Koch den Löffel
und schlug den Hund zu Brei.

Da kamen viele Hunde
und gruben ihm ein Grab
und setzten ihm ein' Grabstein,
auf dem geschrieben stand:

Ein Hund kam in die Küche
und stahl dem Koch ein Ei,
da nahm der Koch den Löffel
und schlug den Hund zu Brei.

Aus dem Englischen: A dog came in the kitchen

28. Ein Mann, der sich Kolumbus nannt

Ein Mann, der sich Kolumbus nannt,
widewidewitt bum bum.
war in der Schiffahrt wohlbekannt,
widewidewitt bum bum.
Es drückten ihn die Sorgen schwer,
er suchte neues Land und Meer.
Gloria, Viktoria, widewidewitt juchheirassa.
Gloria, Viktoria, widewidewitt bum bum.

Als er den Morgenkaffee trank,
da sprang er fröhlich von der Bank,
denn schnell kam mit der ersten Tram
der span'sche König bei ihm an. Gloria....

Kolumbus, sprach er, lieber Mann,
du hast schon manche Tat getan!
Eins fehlt noch unsrer Gloria:
Entdecke mir Amerika! Gloria.....

Gesagt, getan, ein Mann, ein Wort,
am selben Tag fuhr er noch fort.
Und eines Morgens schrie er: Land!
Wie deucht mir alles so bekannt! Gloria....

Das Volk am Land stand stumm und zag,
da sagt Kolumbus: Guten Tag!
Ist hier vielleicht Amerika?
Da schrien all Wilden: Ja! Gloria....

Die Wilden waren sehr erschreckt
und schrien all: Wir sind entdeckt!
Der Häuptling rief ihm: Lieber Mann,
bestimmt bist du Kolumbus dann! Gloria....

Text anonym1936 / Musik: Melodie "Ich bin der Dr.Eisenbart" 18.JH

29. Ein Männlein steht im Walde

Ein Männlein steht im Walde
ganz still und stumm;
Es hat von lauter Purpur
ein Mäntlein um.
Sag', wer mag das Männlein sein,
das da steht im Wald allein
Mit dem purpurroten Mäntelein?

Das Männlein steht im Walde
auf einem Bein
und hat auf seinem Haupte
schwarz Käpplein klein.
Sag', wer mag das Männlein sein,
Das da steht im Wald allein
Mit dem kleinen schwarzen Käppelein?

gesprochen:

Das Männlein dort auf einem Bein
mit seinem roten Mäntelein
und seinem schwarzen Käppelein
Kann nur die Hagebutte sein.

Text: Hofmann v.Fallersleben 1843 / Musik: Volksweise 18.JH

30. Ein Schneider fing `ne Maus

|: Ein Schneider fing `ne Maus. :|
Ein Schneider fing ‚ne Mi-Ma-Maus,
Mi-Ma-Mause-maus, ein Schneider fing ‘ne Maus.

Was macht er mit der Maus?

Er zog ihr ab das Fell.

Was macht er mit dem Fell?

Er näht sich eine Tasch.

Was macht er mit der Tasch?

Er steckt darein sein Geld.

Was macht er mit dem Geld?

Er kauft sich einen Bock.

Was macht er mit dem Bock?

Er ritt ihn im Galopp.

Was macht er im Galopp?

Er fällt gleich in den Dreck

Text: / Musik: Volkslied Anfang 19.JH

31. Ein Vogel wollte Hochzeit machen

Ein Vogel wollte Hochzeit machen
in dem grünen Walde. Fiderallala, Fiderallala, Fiderallalalala

Die Drossel war der Bräutigam,
die Amsel war die Braute. Fiderallala ...

Der Sperber, der Sperber,
der war der Hochzeitswerber. Fiderallala ...

Die Gänse und die Anten,
die war'n die Musikanten. Fiderallala ...

Der Kuckuck schreit, der Kuckuck schreit,
er bringt der Braut das Hochzeitskleid. Fiderallala

Die Lerche, die Lerche,
die führt die Braut zur Kerche. Fiderallala ...

Der Auerhahn, der Auerhahn,
der war der stolze Herr Kaplan. Fiderallala ...

Der Wiedehopf, der Wiedehopf,
der bringt der Braut nen Blumentopf. Fiderallala ..

Brautmutter war die Eule,
nahm Abschied mit Geheule. Fiderallala ...

Die Meise, die Meise,
die singt das Kyrie leise. Fiderallala ...

Der Pfau mit seinem bunten Schwanz
macht mit der Braut den ersten Tanz. Fiderallala

Das Käuzchen bläst die Lichter aus
und alle ziehn vergnügt nach Haus. Fiderallala ...

Text / Musik: trad.15. Jh.

32. Einer Seefahrt froh Gelingen

Einer Seefahrt froh Gelingen
da bedarf es allerlei:
Frohsinn und vor allen Dingen
dass der Magen schwindelfrei.
Hollahi, hollaho,holla hia, hia, hia,
hollahia, hollaho.

Ist das Wetter immer heiter,
immer sonnig, immer gut,
oh, dann steigt wie auf'ner Leiter
unser Frohsinn, unser Mut.

Doch verfinstert sich die Sonne,
und der Wind bläst ungestüm,
oh, wie sinkt dann alle Wonne
mit den grauen Wolken hin.

Steigt das Schiff bald in die Höhe,
und bald steigt es in die Tief,
oh wie wird es uns so wehe,
oh, wie hängt der Magen schief.

Haben wir uns dann entlastet,
hat der Magen ausgeweint,
ei, so wird nun mal gefastet,
bis die Sonne wieder scheint.

Wird das Wetter wieder besser,
scheint die Sonne wieder hell,
oh, dann steigt auf seiner Leiter
unser Frohsinn wieder schnell.

Text: / Musik: Volkslied Deutschland 20.JH

33. Es klappern die Klapperschlangen

Es klapperten die Klapperschlangen, Juppheidi heida,
bis ihre Klappern schlapper klangen, Juppheidi heida.

Es sprach der Herr von Finkenstein
Die Harzerkäse stinken fein.

Es sprach der Herr von Rubenstein,
Mein Hund der ist nicht stubenrein.

Er fuhr auf einem Leiterwagen
Wo Steine und so weiter lagen.

Wie kann der Mensch von Herzen schmausen
wenn tief im Stockzahn Schmerzen hausen ?

Der Eskimo hat fahle Wangen
wie gerne möcht´ er Wale fangen.

Der Rauchfangkehrer gegen Ruß
am besten steht im Regenguß.

Es hält ein Floh in Weißenbach
die Gäste nachts durch Beißen wach.

Das kleine Kind, das Locken trägt,
schreit laut, daß man es trocken legt.

Du glaubst, daß dir die Lotte treu,
das ist die größte Trottelei.

Text / Musik: Kalauer + Volkslied Deutschland 20.JH

34. Es regnet

Es regnet, es regnet,
die Erde wird nass!
Und wenn's genug geregnet hat,
dann wächst auch wieder Gras!

Es regnet, es regnet,
es regnet seinen Lauf!
Und wenn's genug geregnet hat,
dann hört's auch wieder auf!

Es regnet, es regnet,
was kümmert uns das!
Wir sitzen im Trockenen,
und werden nicht nass!

Es regnet, es regnet,
der Kuckuk wird naß.
Wir sitzen im Trocknen,
was schadet uns das?

Text / Musik: Karl Friedrich Zelter 19. JH

35. Es tanzt ein Bi-Ba-Butzemann

Refrain:
Es tanzt ein Bi-ba Butzemann
in unserm Kreis herum, widebum,
Es tanzt ein Bi-ba Butzemann
in unserm Kreis herum.

Er rüttelt sich, er schüttelt sich,
er wirft sein Säckchen hinter sich.
Es tanzt ein Bi-ba Butzemann
in unserm Kreis herum.
- Refrain-

Er wirft sein Säcklein her und hin,
was ist wohl in dem Säcklein drin?
Es tanzt ein Bi-ba Butzemann
in unserm Kreis herum.
-Refrain-

Er bringt zur Nacht dem guten Kind
die Äpfel die im Säcklein sind.
Es tanzt ein Bi-ba Butzemann
in unserm Kreis herum.
-Refrain-

Text: / Musik: Volkslied Deutschland 19. JH

36. Es war eine Mutter

Es war eine Mutter
die hatte vier Kinder
den Frühling, den Sommer
den Herbst und den Winter

Der Frühling bringt Blumen
der Sommer den Klee
der Herbst, der bringt Trauben
der Winter den Schnee

Und wie sie sich schwingen
im lustigen Reihn,
so tanzen und singen
wir fröhlich darein.

Text: / Musik: Volkslied Deutschland 19.JH

37. Es tönen die Lieder

Es tönen die Lieder,
der Frühling kehrt wieder,
es spielet der Hirte
auf seiner Schalmei.
Tralalalalalalalala,
tralalalalalalala.

Text: / Musik: Volkslied Deutschland 19.JH

38. Froh zu sein bedarf es wenig

Froh zu sein bedarf es wenig,
und wer froh ist, ist ein König.

Text / Musik: Kanon, August Mühling 1842

39. Fuchs, du hast die Gans gestohlen

Fuchs, du hast die Gans gestohlen,
gib sie wieder her, gib sie wieder her!
Sonst wird dich der Jäger holen,
mit dem Schießgewehr!
Sonst wird dich der Jäger holen,
mit dem Schießgewehr!

Seine große, lange Flinte
schießt auf dich das Schrot,
schießt auf dich das Schrot,
dass dich färb die rote Tinte
und dann bist du tot,
dass dich färb die rote Tinte
und dann bist du tot.

Liebes Füchslein, lass dir raten,
sei doch nur kein Dieb,
sei doch nur kein Dieb!
Nimm, du brauchst nicht Gänsebraten,
mit der Maus vorlieb,
nimm, du brauchst nicht Gänsebraten,
mit der Maus vorlieb!

Text / Musik:: Ernst Anschütz 1824

40. Gretel Pastetel

Gretel, Pastetel, was machen die Gäns?
Sie sitzen im Wasser und waschen die
Schwänz.

Gretel, Pastetel, was macht eure Kuh?
Sie stehet im Stalle und macht immer "muh".

Gretel, Pastetel, was macht euer Hahn?
Er sitzt auf der Mauer und kräht, was er kann.

Text / Musik: Volkslied Deutschland 19.JH

41. Grün, grün, grün sind alle meine Kleider

Grün, grün, grün sind alle meine Kleider,
grün, grün, grün ist alles, was ich hab.
Darum lieb ich alles, was so grün ist,
weil mein Schatz ein Jäger, Jäger ist

Weiß, weiß, weiß sind alle meine Kleider,
weiß, weiß, weiß ist alles, was ich hab.
Darum leb ich alles, was so weiß ist,
weiß mein Schatz ein Müller, Müller ist

Blau, blau, blau sind alle meine Kleider,
blau, blau, blau ist alles, was ich hab.
Darum lieb ich alles, was so blau ist,
weil mein Schatz ein Färber, Färber ist.

Bunt, bunt, bunt sind alle meine Kleider,
bunt, bunt, bunt ist alles, was ich hab.
Darum lieb ich alles, was so bunt ist,
weil mein Schatz ein Maler, Maler ist

Schwarz, schwarz, schwarz sind alle meine Kleider,
schwarz, schwarz, schwarz ist alles, was ich hab.
Darum lieb ich alles, was so schwarz ist,
weil mein Schatz ein Schornsteinfeger ist.

Text / Musik: trad. 19. Jh. Pommern

42. Grüß Gott, du schöner Maien

Grüß Gott, du schöner Maien,
da bist du wiedrum hier.
Tust jung und alt erfreuen,
mit deiner Blumen Zier.
Die lieben Vöglein alle,
singen also hell,
Frau Nachtigall mit Schalle
hat die fürnehmste Stell.

Die kalten Wind verstummen,
der Himmel ist gar blau,
die lieben Bienlein summen
daher auf grüner Au.
O holde Lust im Maien,
da alles neu erblüht,
du kannst mir sehr erfreuen
mein Herz und mein Gemüt.

Text / Musik: Volkslied 16.JH Schweiz

43. Guten Abend, gut Nacht

Guten Abend, gut` Nacht,
mit Rosen bedacht,
mit Näglein besteckt,
schlupf unter die Deck`:
|:Morgen früh, wenn Gott will,
wirst du wieder geweckt.:|

Guten Abend, gut` Nacht,
von Englein bewacht,
die zeigen im Traum
dir Christkindleins Baum.
|:Morgenfrüh, wenn Gott will,
wirst du wieder geweckt.:|

Text: Karl Simrock bzw. Georg Scherer (?)
Text / Musik: Albert Methfessel 1813

44. Hänschen klein ging allein

Hänschen klein ging allein
in die weite Welt hinein:
Stock und Hut stehn ihm gut,
ist ganz wohlgemut.
Doch die Mutter weinet sehr,
hat ja nun kein Hänschen mehr.
"Wünsch dir Glück",sagt ihr Blick,
"kehr nur bald zurück"!

Sieben Jahr, trüb und klar,
Hänschen in der Fremde war.
Da besinnt sich das Kind,
eilet heim geschwind.
Doch nun ist's kein Hänschen mehr,
nein, ein grosser Hans ist er.
Stirn und Hand braun gebrannt,
wird er wohl erkannt?

Ein, zwei, drei gehn vorbei,
wissen nicht wer das wohl sei.
Schwester spricht "Welch ein Gesicht!",
kennt den Bruder nicht.
Kommt daher die Mutter rein,
schaut ihm kaum ins Aug hinein,
ruft sie schon:"Hans, mein Sohn!
Grüss dich Gott, mein Sohn."

T.: Franz Wiedemann(1821–1882) / M.: Anfang des 18. JH

45. Hänsel und Gretel

Hänsel und Gretel verliefen sich im Wald.
Es war so finster und auch so bitterkalt.
Sie kamen an ein Häuschen von Pfefferkuchen fein.
Wer mag der Herr wohl von diesem Häuschen sein?

Hänsel war hungrig, stibitzt ein Stück vom Dach.
Und auch die Gretel macht es dem Bruder nach.
Es schmeckte gar so lecker, sie aßen immer mehr.
Plötzlich da knackt es und sie erschraken sehr.

Huhu, da schaut eine alte Hexe raus.
Sie lockt die Kinder ins Pfefferkuchenhaus.
Sie stellte sich gar freundlich, o Hänsel, welche Not,
sie will dich braten, im Ofen braun wie Brot.

Du alte Hexe, du bist ein böses Weib.
Frisst kleine Kinder nur so zum Zeitvertreib.
Wir stellen dir ne Falle dann ist's mit dir vorbei.
Das ist die Strafe für Kinderbraterei.

Doch als die Hexe zum Ofen schaut hinein,
ward sie gestoßen von unserm Gretelein.
Die Hexe musste braten, die Kinder geh'n nach Haus
Nun ist das Märchen von Hans und Gretel aus.

Text nach „Kinder- und Hasumärchen", Brüder Grimm

46. Häschen in der Grube

Häschen in der Grube,
saß und schlief, saß und schlief.
Armes Häschen bist du krank,
dass du nicht mehr hüpfen kannst?
Häschen hüpf, Häschen hüpf,
Häschen hüpf.

Häschen, vor dem Hunde
hüte dich, hüte dich.
Hat gar einen scharfen Zahn,
packt damit mein Häschen an.
Häschen lauf, Häschen lauf,
Häschen lauf.

Musik & Text: Friedrich Fröbel (1840)

47. Hejo, spann den Wagen an

Hejo, spann den Wagen an
Seht, der Wind treibt Regen übers Land
Holt die goldnen Garben
Holt die goldnen Garben

Heigh-ho! Anybody home.
Food and drink and money have I none.
Still I will be merry,
still I will be merry.

Vent frais, vent du matin,
soulvant le sommet du grand pin,
joie du vent qui passe,
le long dans le grand.

Text: / Musik: Volkslied 19.JH Deutschland

48. Hopp, hopp, hopp

Hopp, hopp, hopp, Pferdchen lauf Galopp!
über Stock und über Steine,
aber brich dir nicht die Beine,
Hopp, hopp, hopp, hopp, hopp,
Pferdchen lauf Galopp!

Tipp, tipp, tapp, wirf mich ja nicht ab!
Zähme deine wilden Triebe,
Pferdchen, tu' mir das zu liebe,
wirf mich ja nicht ab, tip-ti, tap-ti, tapp!

Brr, brr, he, Pferdchen, steh' jetzt, steh'!
Sollst schon heute weiter springen,
muss dir nur erst Futter bringen,
steh' doch, Pferdchen, steh',
brr, brr, brr, brr, he!

Ha, ha, ha, juch nun sind wir da!
Diener, Diener, liebe Mutter,
findet auch das Pferdchen Futter ?
Juch, nun sind wir da, ha, ha, ha, ha, ha!

Text: Karl Gottlieb Hering 1807 / Musik: Karl Hahn 1807

49. Hoppe, hoppe Reiter

Hoppe hoppe Reiter,
wenn er fällt, dann schreit er.

Fällt er in den Graben,
fressen ihn die Raben.

Fällt er in die Hecken,
fressen ihn die Schnecken.

Fällt er in das grüne Gras,
macht er sich die Hose nass.

Fällt er in das Wasser,
macht er sich noch nasser.

Fällt er auf die Steine,
tun ihm weh die Beine.

Fällt er in den Sumpf,
macht der Reiter *plumps*!

Text: / Musik: sog. Kniereitvers, Deutschland 19.JH

50. Ich geh mit meiner Laterne

Ich geh mit meiner Laterne und meine Laterne mit mir.
Da oben leuchten die Sterne, hier unten da leuchten wir.
St. Martin hier, wir leuchten dir,
rabimmel, rabammel, rabumm.

Ich geh mit meiner Laterne und meine Laterne mit mir.
Da oben leuchten die Sterne, hier unten da leuchten wir.
Ein Lichtermeer zu Martins Ehr,
rabimmel, rabammel, rabumm.

Ich geh mit meiner Laterne und meine Laterne mit mir.
Da oben leuchten die Sterne, hier unten da leuchten wir.
Mein Licht ist schön, ihr könnt es sehn,
rabimmel, rabammel, rabumm.

Ich geh mit meiner Laterne und meine Laterne mit mir.
Da oben leuchten die Sterne, hier unten da leuchten wir.
Ich trag mein Licht, ich fürcht mich nicht,
rabimmel, rabammel, rabumm.

Ich geh mit meiner Laterne und meine Laterne mit mir.
Da oben leuchten die Sterne, ier unten da leuchten wir.
Laternenlicht, verlösch mir nicht,
rabimmel, rabammel, rabumm.

Ich geh mit meiner Laterne und meine Laterne mit mir.
Da oben leuchten die Sterne, hier unten da leuchten wir.
Mein Licht ist aus, wir gehen nach Haus,
rabimmel, rabammel, rabumm.

Text / Musik: trad. Deutschland 19. JH

51. Ihr Kinderlein kommet

Ihr Kinderlein, kommet, o kommet doch all!
Zur Krippe her kommet in Bethlehems Stall.
Und seht was in dieser hochheiligen Nacht
Der Vater im Himmel für Freude uns macht.

O seht in der Krippe im nächtlichen Stall,
seht hier bei des Lichtes hellglänzendem Strahl,
in reinliche Windeln das himmlische Kind,
viel schöner und holder, als Engelein sind.

Da liegt es, das Kindlein, auf Heu und auf Stroh,
Maria und Josef betrachten es froh;
die redlichen Hirten knien betend davor,
hoch oben schwebt jubelnd der Engelein Chor.

O beugt, wie die Hirten, anbetend die Knie,
erhebet die Händchen und betet wie sie!
Stimmt freudig, ihr Kinder - Wer soll sich nicht freun?
Stimmt freudig zum Jubel der Engelein ein!

O betet: Du liebes, du göttliches Kind,
was leidest du alles für unsere Sünd!
Ach hier in der Krippe schon Armut und Not,
am Kreuze dort gar noch den bitteren Tod.

Was geben wir Kinder, was schenken wir dir,
du bestes und liebstes der Kinder, dafür?
Nichts willst du von Schätzen und Reichtum der Welt,
ein Herz nur voll Demut allein dir gefällt.

So nimm unsre Herzen zum Opfer denn hin;
wir geben sie gerne mit fröhlichem Sinn;
und mache sie heilig und selig wie deins,
und mach sie auf ewig mit deinem in eins.

T.: Christoph v. Schmid 1798 / M.: J.A.P. Schulz 1794

52. Im Frühtau zu Berge

Im Frühtau zu Berge wir ziehn, fallera,
es grünen alle Wälder, alle Höh'n, fallera.
Wir wandern ohne Sorgen
singend in den Morgen,
noch ehe im Tale die Hähne krähn.

Ihr alten und hochweisen Leut,
ihr denkt wohl, wir sind nicht gescheit?
Wer wollte aber singen,
wenn wir schon Grillen fingen
in dieser herrlichen Frühlingszeit?

Werft ab alle Sorge und Qual
und wandert mit uns aus dem Tal!
Wir sind hinaus gegangen,
den Sonnenschein zu fangen:
Kommt mit und versucht es auch selbst einmal!

Text: Walther Hensel 1922 / Musik: Wanderlied Schweden 19.JH

53. Im Märzen der Bauer

Im Märzen der Bauer
Die Rösslein einspannt,
Er setzt seine Felder
Und Wiesen in Stand
Er pflüget den Boden,
Er egget und sät
Und rührt seine Hände
Früh morgens und spät.

Die Bäu'rin, die Mägde,
Sie dürfen nicht ruh'n,
Sie haben in Haus
Und Garten zu tun
Sie graben und rechen
Und singen ein Lied,
Sie freu'n sich, wenn alles
Schön grünet und blüht.

So geht unter Arbeit
Das Frühjahr vorbei,
Da erntet der Bauer
Das duftende Heu.
Er mäht das Getreide,
Dann drischt er es aus,
Im Winter da gibt es
Manch fröhlichen Schmaus.

Text: / Musik: Volkslied Österreich + Deutschland 19.JH

54. In einem kleinen Apfel

In meinem kleinen Apfel,
da sieht es lustig aus:
es sind darin fünf Stübchen,
grad' wie in einem Haus.

In jedem Stübchen wohnen
zwei Kernchen schwarz und fein,
die liegen drin und träumen
vom lieben Sonnenschein.

Sie träumen auch noch weiter
gar einen schönen Traum,
wie sie einst werden hängen
am schönen Weihnachtsbaum.

Text: Volkslied 19. JH / Musik: Melodie v.W.A.Mozart

55. Jetzt fahrn wir übern See

Jetzt fahr'n wir übern See, übern See,
jetzt fahr'n wir übern...
jetzt fahr'n wir übern See, übern See
jetzt fahr'n wir übern See.
Mit einer hölzern' Wurzel,
Wurzel, Wurzel,Wurzel,
mit einer hölzern' Wurzel, kein Ruder war nicht ...
mit einer hölzern' Wurzel,
Wurzel, Wurzel, Wurzel,
mit einer hölzern' Wurzel,
kein Ruder war nicht dran.

Und als wir drüber warn,
Da sangen alle Vögelein
Der helle Tag brach an!

Der Jäger blies ins Horn,
Da bliesen alle Jäger,
Ein jeder in sein Horn.

Das Liedlein, das ist aus,
Und wer das Lied nicht singen kann,
Der fang von vorne an.

Text / Musik:: trad. 19. Jh. aus Böhmen

56. Jetzt fängt das schöne Frühjahr an

Jetzt fängt das schöne Frühjahr an,
und alles fängt zu blühen an
auf grüner Heid und überall.

Es blühen Blümlein auf dem Feld,
sie blühen weiß, blau, rot und gelb;
es gibt nichts Schön'res auf der Welt.

Jetzt geh ich über Berg und Tal,
da hört man schon die Nachtigall
auf grüner Heid und überall.

Text / Musik: Volkslied Deutschland 19. JH

57. Klein Häslein wollt spazieren gehen

Klein Häschen wollt' spazieren geh'n,
spazieren ganz allein,
da hat's das Bächlein nicht geseh´n
und plumps fiel es hinein.

Das Bächlein lief dem Tale zu,
dort wo die Mühle steht,
dort wo sich ohne Rast und Ruh'
das große Mühlrad dreht.

Gar langsam drehte sich das Rad,
d'rauf sprang der kleine Has'
und als er oben angelangt,
sprang er hinab ins Gras.

Klein Häschen lief gar schnell nach Haus',
vorbei ist die Gefahr,
die Mutti klopft ihm's Fellchen aus,
bis dass es trocken war.

Text / Musik: Volkslied Deutschland 19.JH

58. Kling, Glöckchen, klingelingeling

Kling, Glöckchen, klingelingeling!
Kling, Glöckchen, kling!
Lasst mich ein, ihr Kinder!
Ist so kalt der Winter!
Öffnet mir die Türen!
Lasst mich nicht erfrieren!
Kling, Glöckchen, klingelingeling!
Kling, Glöckchen, kling!

Kling, Glöckchen, klingelingeling!
Kling, Glöckchen, kling!
Mädchen, hört, und Bübchen,
macht mir auf das Stübchen!
Bringt euch viele Gaben,
wollt euch dran erlaben!
Kling, Glöckchen, klingelingeling!
Kling, Glöckchen, kling!

Kling, Glöckchen, klingelingeling!
Kling, Glöckchen, kling!
Hell erglühn die Kerzen,
öffnet mir die Herzen,
will drin wohnen fröhlich,
frommes Kind, wie selig!
Kling, Glöckchen, klingelingeling!
Kling, Glöckchen, kling!

T.: Carl Enslin19. JH / M.: Benedikt Widmann 1884

59. Komm, lieber Mai und mache

Komm, lieber Mai, und mache
die Bäume wieder grün
und lass mir an dem Bache
die kleinen Veilchen blühn!
Wie möchte ich doch so gerne
ein Veilchen wieder sehn,
ach, lieber Mai, wie gerne
einmal spazieren gehn!

Zwar Wintertage haben
wohl auch der Freuden viel:
man kann im Schnee eins traben
und treibt manch Abendspiel,
baut Häuserchen von Karten,
spielt Blindekuh und Pfand,
auch gibt's wohl Schlittenfahrten
aufs liebe freie Land

Doch wenn die Vögel singen und wir dann froh und flink
auf grünem Rasen springen, das ist ein ander Ding!
Jetzt muss mein Steckenpferdchen
dort in dem Winkel stehen,
denn draussen in dem Gärtchen
kann man vor Schmutz nicht gehn.

Ach, wenn's doch erst gelinder und grüner draußen wär!
komm, lieber Mai, wir Kinder, wir bitten gar zu sehr!
O komm und bring vor allem uns viele Veilchen mit,
bring auch viele Nachtigallen und schöne Kuckucks mit.

Text: C.A.Overbeck 1775 / Musik: W.A.Mozart 1791

60. Kommt ein Vogel geflogen

Kommt ein Vogel geflogen,
setzt sich nieder auf mein´ Fuß,
hat ein Zettel im Schnabel
von der Mutter ein´ Gruß

Lieber Vogel, fliege weiter,
nimm ein' Gruß mit, einen Kuss,
denn ich kann dich nicht begleiten,
weil ich hier bleiben muß.

Oder:

Kimmt a Vogerl geflogen,
Setzt sich nieder auf mein Fuß,
Hat a Zetterl im Goscherl
Und vom Dirndl an Gruß.

Hast mi allweil vertröstet
Uf die Summeri-Zeit,
Und der Summer is kimma
Und mei Schatzerl is weit.

Daheim is mei Schatzerl,
In der Fremd bin i hier,
Und es fragt halt kei Katzerl,
Kei Hunderl nach mir.

Lieb's Vogerl, flieg weiter,
Nimm an Gruß mit, an Kuß!
Und i kann di nit begleiten,
Weil i hier bleiben muß.

Text / Musik: trad 18. Jh. aus Niederösterreich und Tirol

61. Kuckuck, Kuckuck ruft's aus dem Wald

Kuckuck, Kuckuck ruft's aus dem Wald.
Lasset uns singen, tanzen und springen.
Frühling, Frühling wird es nun bald.

Kuckuck, Kuckuck lässt nicht sein Schrei'n:
Komm in die Felder, Wiesen und Wälder.
Frühling, Frühling, stelle dich ein.

Kuckuck, Kuckuck, trefflicher Held.
Was du gesungen, ist dir gelungen.
Winter, Winter räumet das Feld.

Text: Hoffmann von Fallersleben / Musik: trad.

62. Laterne, Laterne

Laterne, Laterne,
Sonne, Mond und Sterne.
|:Brenne auf mein Licht,:|
aber nur meine liebe Laterne nicht.

Laterne, Laterne,
Sonne, Mond und Sterne.
|:Sperrt ihn ein, den Wind,:|
er soll warten, bis wir alle zu Hause sind.

Laterne, Laterne,
Sonne, Mond und Sterne.
|:Bleibe hell, mein Licht,:|
denn sonst strahlt meine liebe Laterne nicht!

Laterne, Laterne,
Sonne, Mond und Sterne.
|:Wenn es dunkel ist,:|
Ja, dann seht ihr erst, wie schön das ist.

Text und Musik: trad. aus Norddeutschland

63. Laurentia, liebe Laurentia mein

Laurentia, liebe Laurentia mein
wann werden wir wieder beisammen sein?,
Am Sonntag.
Ach, wenn es doch erst wieder Sonntag wär,
und ich bei meiner Laurentia wär, Laurentia.

Laurentia, liebe Laurentia mein
wann werden wir wieder beisammen sein?,
Am Montag.
Ach, wenn es doch erst wieder Sonntag, Montag
wär,
und ich bei meiner Laurentia wär, Laurentia.

Laurentia, liebe Laurentia mein
wann werden wir wieder beisammen sein?,
Am Dienstag.
Ach, wenn es doch erst wieder Sonntag, Montag,
Dienstag wär,
und ich bei meiner Laurentia wär, Laurentia.

Laurentia, liebe Laurentia mein
wann werden wir wieder beisammen sein?,
Am Mittwoch.
Ach, wenn es doch erst wieder Sonntag, Montag, …

Und so weiter …

Text: / Musik: Tanzlied Deutschland ca. 1800

64. Leise rieselt der Schnee

Leise rieselt der Schnee,
still und starr liegt der See,
weihnachtlich glänzet der Wald:
Freue dich, Christkind kommt bald!

In den Herzen wirds warm,
still schweigt Kummer und Harm,
Sorge des Lebens verhallt:
Freue dich, Christkind kommt bald!

Bald ist Heilige Nacht,
Chor der Engel erwacht,
hört nur wie lieblich es schallt:
Freue dich, Christkind kommt bald!

Text/Musik: Eduard Ebel 1895

65. Lustig ist das Zigeunerleben

Lustig ist das Zigeunerleben, Faria, faria, ho.
Brauchen dem Kaiser kein Zins zu geben, Faria, faria, ho.
Lustig ist´s im grünen Wald
wo des Zigeuners Aufenthalt
Faria, faria, faria, faria, faria, faria, ho

Auf dem Stroh und auf dem Heu...
da machen wir uns ein großes Feu´r...
blinzt uns nit als wie die Sonn´
so leben wir in Freud´ und Wonn´. ...

Sollt uns einmal der Hunger plagen, ...
Tun wir uns ein Hirschlein jagen:...
Hirschlein nimm dich wohl in Acht,
Wenn des Jägers Büchse kracht. ...

Sollt uns einmal der Durst sehr quälen,...
Gehn wir hin zu Wasserquellen, ...
Trinken das Wasser wie Moselwein,
Meinen, es müßte Champagner sein. ...

Wenn wir auch kein Federbett haben,
Tun wir uns ein Loch ausgraben,
Legen Moos und Reisig 'nein,
Das soll uns ein Federbett sein.

Wenn uns tut der Beutel hexen,
lassen wir unsre Taler wechseln,
Wir treiben die Zigeunerkunst,
Da kommen die Taler wieder all zu uns.

Text / Musik: Volkslied Elsaß 19.JH

66. Mein Hut, der hat drei Ecken

Mein Hut, der hat drei Ecken,
drei Ecken hat mein Hut,
und hat er nicht drei Ecken,
dann ist es nicht mein Hut.
Mein Hut, der hat drei Ecken,
drei Ecken hat mein Hut,
und hat er nicht drei Ecken,
dann ist es auch nicht mein Hut.

Text: / Musik: Volkslied Saarland 19.JH

67. Meine Oma fährt im Hühnerstall

Meine Oma fährt im Hühnerstall Motorrad,
Motorrad, Motorrad,
Meine Oma fährt im Hühnerstall Motorrad
meine Oma ist 'ne ganz patente Frau

Meine Oma fährt im **H**ühnerstall Motorrad ...

Meine Oma hat im **B**ackenzahn ein Radio ...

Meine Oma hat 'ne **B**rille mit Gardinen ...

Meine Oma hat 'nen **D**ackel, der trägt Höschen ...

Meine Oma hat 'nen **G**oldfisch, der raucht Pfeife ...

Meine Oma lernt im **G**urkenglasl tauchen...

Meine Oma hat ein **H**immelbett mit Brause ...

Meine Oma hat **K**losettpapier mit Blümchen ...

Meine Oma hat 'nen **K**ochtopf mit 'nem Lenkrad ...

Meine Oma hat 'nen **K**rückstock mit 'nem Rücklicht

Meine Oma hat im **K**üchenschrank Kaninchen ...

Meine Oma bäckt im **K**ühlschrank eine Torte ...

Meine Oma hat 'nen **L**öffel mit Propeller ...

Meine Oma hat 'nen **N**achttopf mit Beleuchtung ...

Meine Oma hat 'nen **P**apagei mit Bluejeans ...

Meine Oma hat 'nen **P**etticoat aus Wellblech ...

Meine Oma hat ´nen **S**chlüsselbund mit Kompass ...

Meine Oma lernt im **S**uppenteller schwimmen ...

Meine Oma hat im **S**trumpfband ´nen Revolver ...

Meine Oma hat nen **S**turzhelm mit Antenne ...

Meine Oma guckt die **T**agesschau mit'm Fernrohr..

Meine Oma hat ´ne **T**eekanne mit Schutzblech ...

Meine Oma hat ein **W**aschbecken mit Sprungbrett...

Text: / Musik: Robert Steidl 19.JH

68. Morgen, Kinder, wird's was geben

Morgen, Kinder, wird's was geben,
morgen werden wir uns freu'n!
Welch ein Jubel, welch ein Leben
wird in unsrem Hause sein!
Einmal werden wir noch wach,
heisa, dann ist Weihnachtstag!

Wie wird dann die Stube glänzen
von der großen Lichterzahl!
Schöner als bei frohen Tänzen
ein geputzter Kuppelsaal!
Wisst ihr noch, wie voriges Jahr
es am Heiligen Abend war?

Wisst ihr noch die Spiele, Bücher
und das schöne Schaukelpferd,
schöne Kleider, woll'ne Tücher,
Puppenstube, Puppenherd?
Morgen strahlt der Kerzen Schein,
morgen werden wir uns freu'n.

Wisst ihr noch den großen Wagen
und die schöne Jagd von Blei?
Unsre Kinderchen zum Tragen
und die viele Nascherei?
Meinen fleiß'gen Sägemann
mit der Kugel unten dran?

Welch ein schöner Tag ist morgen!
Neue Freuden hoffen wir.
Unsere guten Eltern sorgen
lange, lange schon dafür.
O gewiss, wer sie nicht ehrt
ist der ganzen Lust nicht wert.

T.: Martin Friedr. Philipp Bartsch 1809 /M.: Carl Gottlieb Hering 1809

69. Morgen kommt der Weihnachtsmann

Morgen kommt der Weihnachtsmann,
kommt mit seinen Gaben
Bunte Lichter, Silberzier,
Kind und Krippe, Schaf und Stier,
Zottelbär und Panthertier
möchte ich gerne haben.

Bring uns lieber Weihnachtsmann,
bring auch morgen, bringe
eine schöne Eisenbahn,
Bauernhof mit Huhn und Hahn,
einen Pfefferkuchenmann,
lauter schöne Dinge.

Doch du weißt ja unsren Wunsch,
kennst ja unsre Herzen.
Kinder Vater und Mama,
auch sogar der Großpapa,
alle, alle sind wir da,
warten dein mit Schmerzen.

T.: Hoffmann von Fallersleben 1761 / aus Paris 1840

70. Müde bin ich, geh zur Ruh

Müde bin ich, geh zur Ruh,
schließe beide Augen zu.
Vater, lass die Augen dein
über meinem Bette sein.

Hab ich Unrecht heut getan
sieh es, lieber Gott, nicht an
deine Gnad und Jesu Blut
machen allen Schaden gut.

Alle, die mir sind verwandt
Gott, lass ruhn in deiner Hand
alle Menschen, groß und klein
sollen dir befohlen sein.

Kranken Herzen sende Ruh
müde Augen schließe zu.
Gott im Himmel halte Wacht
gib uns eine gute Nacht.

Text: Luise Hensel / Musik: trad.

71. Nikolaus, komm in unser Haus

Niklaus, komm in unser Haus,

pack die großen Taschen aus.

Lustig, lustig, trallerallala!

Heut ist Nikolaus Abend da,

heut ist Nikolaus Abend da.

Stell das Pferdchen unter den Tisch

dass es Heu und Hafer frisst.

Lustig, lustig ...

Heu und Hafer frisst es nicht,

Zuckerplätzchen kriegt es nicht.

Lustig, lustig ...

Volkslied 19. JH

72. Nun will der Lenz uns grüßen

Nun will der Lenz uns grüßen,
von Mittag weht es lau.
Aus allen Wiesen sprießen
die Blumen rot und blau.
Draus wob die braune Heide
sich ein Gewand gar fein
und läd im Festtagskleide
zum Marientanze ein.

Waldvöglein Lieder singen,
wie ihr sie nur begehrt,
drum auf zum frohen Springen,
die Reis' ist Goldes wert.
Hei, unter grünen Linden,
da leuchten weisse Kleid'.
Heija, nun hat uns Kindern
Ein End' all' Wintersleid.

Text: Karl Ströse 1878 / Musik: anonym 19.JH

73. O du lieber Augustin

O, du lieber Augustin,
Augustin, Augustin,
O, du lieber Augustin,
Alles ist hin!

Strophen:

Geld ist hin, Mädl ist hin,
Alles ist hin, Augustin!
O, du lieber Augustin, Alles ist hin!

Rock ist weg, Stock ist weg,
Augustin liegt im Dreck.
O, du lieber Augustin, Alles ist hin!

Und selbst das reiche Wien,
Hin ist's wie Augustin;
Weint mit mir im gleichen Sinn, Alles ist hin

Jeder Tag war ein Fest,
Jetzt haben wir die Pest!
Nur ein großes Leichenfest, das ist der Rest.

Augustin, Augustin,
Leg nur ins Grab dich hin!
O, du lieber Augustin, alles ist hin!

Text / Musik: Max Augustin

74. Ri ra rutsch

Ri ra rutsch, wir fahren in der Kutsch,
wir fahren über Stock und Stein,
da bricht das Schimmelchen ein Bein.
Ri ra rutsch, es ist nichts mit der Kutsch!

Ri ra ritten, wir fahren in dem Schlitten,
wir fahren über'n tiefen See,
da bricht der Schlitten ein, oh weh!
Ri ra ritten, da liegt im See der Schlitten!

Ri ra rominus, wir fahren mit dem Omnibus,
der Fahrer schläft, da macht es bum!
Da fällt der alte Kasten um.
Ri ra rominus, da liegt der dumme Omnibus.

Ri ra rus, jetzt gehen wir zu Fuß
Da bricht uns auch kein Schimmelbein
und auf dem Eis kein Schlitten ein.
Ri ra rus, jetzt gehen wir zu Fuß.

Text / Musik: anonym ca.1900

75. Ringel, ringel Rosen

Ringel, Ringel, Rosen,
Schöne Aprikosen,
Veilchen blau, Vergißmeinnicht,
Alle Kinder setzen sich,
(Ki-ke-ri-ki!)

Ringel, Rangel, Rose,
Butter in der Dose,Schmalz in dem Kasten
morgen woll'n wir fasten,
übermorgen Lämmlein schlachten,
das soll schreien " Mäh!"

Text / Musik: Singspiel Westfalen 19.JH

76. Sankt Martin

Sankt Martin, Sankt Martin,
Sankt Martin ritt durch Schnee und Wind,
sein Roß, das trug ihn fort geschwind.
Sankt Martin ritt mit leichtem Mut:
sein Mantel deckt' ihn warm und gut.

Im Schnee da saß ein armer Mann,
hatt' Kleider nicht, hatt' Lumpen an.
O helft mir doch in meiner Not,
sonst ist der bittre Frost mein Tod!

Sankt Martin zog die Zügel an,
sein Roß stand still beim armen Mann,
Sankt Martin mit dem Schwerte teilt'
den warmen Mantel unverweilt.

Sankt Martin gab den halben still,
der Bettler rasch ihm danken will.
Sankt Martin aber ritt in Eil'
hinweg mit seinem Mantelteil.

Text / Musik: Volkslied Deutschland 19.JH

77. Schlaf, Kindchen, schlaf

Schlaf, Kindlein, schlaf,
der Vater hüt die Schaf,
die Mutter schüttelts Bäumelein,
da fällt herab ein Träumelein.
Schlaf, Kindlein, schlaf!

Schlaf, Kindlein, schlaf,
am Himmel ziehn die Schaf,
die Sternlein sind die Lämmerlein,
der Mond, der ist das Schäferlein,
Schlaf, Kindlein, schlaf!

Schlaf, Kindlein, schlaf,
so schenk ich dir ein Schaf
mit einer goldnen Schelle fein,
das soll dein Spielgeselle sein,
schlaf, Kindlein, schlaf!

Schlaf, Kindlein, schlaf,
und blök nicht wie ein Schaf,
Sonst kömmt des Schäfers Hündelein
und beißt mein böses Kindelein,
schlaf, Kindlein, schlaf.

Schlaf, Kindlein, schlaf,
geh fort und hüt die Schaf,
Geh fort, du schwarzes Hündelein,
und weck nur nicht mein Kindelein,
schlaf, Kindlein, schlaf.

Text: Clemens Brentano 1808 / Musik: Joh.Friedr. Reichhardt 1781

78. Schlafe mein Prinzchen, es ruhn

Schlafe, mein Prinzchen, es ruhn
Schäfchen und Vögelein
Garten und Wiese verstummt
auch nicht ein Bienchen mehr summt
Luna mit silbernem Schein
gucket zum Fenster herein.
Schlafe beim silbernem Schein
Schlafe, mein Prinzchen, schlaf ein
Schlaf ein, schlaf ein

Alles im Schlosse schon liegt
alles in Schlummer gewiegt
reget kein Mäuschen sich mehr
Keller und Küche sind leer
nur in der Zofe Gemach
tönet ein schmachtendes Ach
Was für ein Ach mag dies sein?
Schlafe, mein Prinzchen, schlaf ein
Schlaf ein, schlaf ein.

Wer ist beglückter als Du?
Nichts als Vergnügen und Ruh
Spielwerk und Zucker vollauf
und noch Karossen im Lauf
Alles besorgt und bereit,
daß nur mein Prinzchen nicht schreit
Was wird das künftig noch sein?
Schlafe mein Prinzchen, schlaf ein.
Schlaf ein, schlaf ein.

Text: Friedrich Wilhelm Gotter / Musik: Bernhard Fliess

79. Schneeflöckchen, Weißröckchen

Schneeflöckchen Weißröckchen
wann kommst du geschneit?
Du wohnst in den Wolken,
dein Weg ist so weit.

Komm setz dich ans Fenster,
du lieblicher Stern,
malst Blumen und Blätter,
wir haben dich gern.

Schneeflöckchen, du deckst uns
die Blümelein zu,
dann schlafen sie sicher
in himmlischer Ruh'.

Schneeflöckchen Weißröckchen
komm zu uns ins Tal.
Dann bau'n wir den Schneemann
und werfen den Ball.

Nach Hedwig Haberkern (1837-1902)

80. Schön ist ein Zylinderhut

Schön ist ein Zylinderhut,
Juchheidi, juchheida,
Wenn man ihn besitzen tut.
Juchheidi, heida.
jedoch von ganz besondrer Güte
Sind stets zwei Zylinderhüte.
Juchheidi, juchheida,
Juchheidi, juchheirassa,
Juchheidi, juchheida, Juchheidiheida

Hat man der Zylinder drei, hat man einen mehr als zwei.
Vier Zylinder, das sind grad zwei Zylinder zum Quadrat.
Juchheidi, ...

Fünf Zylinder sind genau für drei Kinder, Mann und Frau.
Sechs Zylinder, es ist toll, machen das halbe Dutzend
voll. Juchheidi, ...

Sieben Zylinder sind genug für nen kleinen Leichenzug.
Hat man der Zylinder acht, wird der Pfarrer auch
bedacht. Juchheidi, ...

Hat man der Zylinder neun, kriegt der Küster auch noch
ein
Zehn Zylinder sind bequem für das Dezimalsystem.
Juchheidi, ...

Elf Zylinder, o wie fein, sind zwölf Zylinder minus ein.
Zwölf Zylinder, o wie schön, würden den Aposteln stehn.
Juchheidi, ...

M./T.: Anonymus

81. Spannenlanger Hansel

Spannenlanger Hansel,
nudeldicke Dirn.
Gehn wir in den Garten,
schütteln wir die Birn.
Schüttel ich die großen,
schüttelst du die klein.
Wenn das Sackerl voll ist,
gehn wir wieder heim.

Lauf doch nicht so närrisch,
spangenlanger Hans.
Ich verlier' die Birnen
und die Schuh' noch ganz.
Trägst ja nur die kleinen,
nudeldicke Dirn,
und ich schlepp' den schweren Sack
mit den großen Birn'.

Nach Carl Reinecke (1824-1910)

82. Summ, summ, summ

Summ, summ, summ!
Bienchen summ herum!
Ei, wir tun dir nichts zu leide,
Flieg nur aus in Wald und Heide!
Summ, summ, summ!
Bienchen summ herum!

Summ, summ, summ!
Bienchen summ herum!
Such in Blüten, such in Blümchen
Dir ein Tröpfchen, dir ein Krümchen
Summ, summ, summ! Bienchen ...

Summ, summ, summ!
Bienchen summ herum!
Kehre heim mit reicher Habe,
Bau uns manche volle Wabe,
Summ, summ, summ! Bienchen ...

Summ, summ, summ!
Bienchen summ herum!
Wollen bei den Christgeschenken
freudig deiner auch gedenken
Summ, summ, summ! Bienchen ...

Summ, summ, summ!
Bienchen summ herum!
Mit dem Wachsstock dann wir suchen
Pfeffernüss und Honigkuchen
Summ, summ, summ! Bienchen summ herum!

Text: Hoffmann von Fallersleben

83. Taler, Taler, du musst wandern

Taler, Taler, du musst wandern
von der einen Hand zur andern.
Das ist schön, das ist schön,
Taler, lass dich nur nicht sehn!

Taler, Taler, du musst wandern,
von dem einem Ort zum andern.
Bist nicht hier, bist nicht dort,
bist an einem andern Ort.

Ringlein, Ringlein, du musst wandern,
von dem einem zu dem andern.
Ei wie schön, ei wie schön
ist das Ringlein anzusehn.

Text / Musik: Deutschland Kinderspiel und Volkslied 18.JH

84. Trara, die Post ist da

Trara, die Post ist da.
Trara, die Post ist da.
Von weitem hört man schon den Ton,
sein Liedchen bläst der Postilion,
er bläst mit starker Kehle,
er bläst aus voller Seele.
Die Post ist da. Trara, trara, die Post ist da, trara.

Trara, die Post ist da.
Trara, die Post ist da.
Geduld, Geduld, gleich packt er aus,
dann kriegt ein jeder in dem Haus
die Briefe und die Päckchen,
die Schachteln und die Säckchen.
Die Post ist da. Trara, trara, die Post ist da, trara.

Trara, die Post ist da.
Trara, die Post ist da.
Und wenn ihrs jetzt schon wissen müsst:
Der Onkel hat euch schön gegrüßt
Wohl tausendmal und drüber,
bald kommt er selber rüber.
Die Post ist da. Trara, trara, die Post ist da, trara.

Text und Musik: Rudolf Löwenstein - 1846

85. Trarira, der Sommer der ist da

Trarira, der Sommer, der ist da!
Wir wollen in den Garten
und woll'n des Sommers warten.
Ja, ja, ja, der Sommer, der ist da!

Trarira, der Sommer, der ist da!
Wir wollen hinter die Hecken
und woll'n den Sommer wecken.
Ja, ja, ja, der Sommer, der ist da!

Trarira, der Sommer, der ist da!
Der Sommer hat gewonnen,
der Winter hat verloren.
Ja, ja, ja, der Sommer, der ist da!

Text: Pfalz Volksweise ~1778 / Musik: Karl Maria von Weber 1817

86. Von den blauen Bergen kommen wir

Von den blauen Bergen kommen wir,
von den Bergen, die so weit von hier.
Reisen, das ist unsre Wonne,
scheint auch noch so heiß die Sonne.
Von den blauen Bergen kommen wir.
Singen ja ja jippi jippi je, singen ja ja jippi jippi je,
singen ja ja jippi jippi ja ja jippi jippi
ja ja jippi jippi je

Von den blauen Bergen kommen wir
und wir fangen selbst den stärksten Stier.
Auf dem Rücken unsrer Pferde
reiten wir wohl um die Erde.
Von den blauen Bergen kommen wir. Singen ja ja ...

Wenn des Stromes schwarze Welle sinkt,
die Gitarre leis' dazu erklingt,
ruhen wir in bunter Runde,
geht ein Lied von Mund zu Munde:
Von den blauen Bergen kommen wir. Singen ja ja ...

Von den blauen Bergen kommen wir,
von den blauen Bergen, die so weit von hier.
Mag die Welt im Schlaf sich wiegen,
wir sind nicht vom Pferd zu kriegen,
von den blauen Bergen kommen wir. Singen ja ja ...

Text und Musik: trad. Deutschland 20.JH

87. Was haben wir Gänse für Kleider an

Was haben wir Gänse für Kleider an?
Gi, ga, gack?
Wir gehen barfuß allezeit
In einem weißen Federkleid.
Gi, ga, gack!
Wir haben nur einen Frack

Was trinken wir Gänse für einen Wein?
Gi, ga, gack?
Wir trinken nur den stärksten Wein
Das ist der Gi - ga – Gänsewein
Gi, ga, gack
Ist stärker als Rum und Rak

Was haben wir Gänse für eine Kost?
Gi, ga, gack!
Des Sommers gehn wir auf die Au
Des Winters speist die Bauersfrau
Gi, ga, gack!
Uns aus dem Hafersack.

Was reden wir Gänse für Sprachen doch?
Gi, ga, gack!
Wir könnten Professoren sein,
Wir reden Griechisch und Latein,
Gi, ga, gack!
Ist unser Schnick und Schnackk.

Text: Hofmann v.Fallersleben / Musik: trad. Schlesien 19. JH

88. Weißt du wie viel Sternlein stehen

Weisst du, wieviel Sternlein stehen
an dem blauen Himmelzelt?
Weisst du, wieviel Wolken gehen
weithin über alle Welt?
Gott der Herr hat sie gezählet,
dass ihm auch nicht eines fehlet
an der ganzen großen Zahl,
an der ganzen großen Zahl.

Weisst du, wieviel Mücklein spielen
in der heißen Sonnenglut,
wieviel Fischlein auch sich kühlen
in der hellen Wasserflut?
Gott der Herr rief sie mit Namen,
dass sie all ins Leben kamen,
dass sie nun so fröhlich sind,
dass sie nun so fröhlich sind.

Weisst du, wieviel Kinder frühe
Stehn aus ihrem Bettlein auf,
dass sie ohne Sorg und Mühe
fröhlich sind am Tageslauf?
Gott im Himmel hat an allen
seine Lust, sein Wohlgefallen,
kennt auch dich und hat dich lieb,
kennt auch dich und hat dich lieb.

Melodie: Volksweise seit 1809 - Text: Wilhelm Hey (1789–1854)

89. Wenn der Topf aber nu ein Loch hat

Wenn der Topp aber nun en Loch hat
lieber Heinrich, lieber Heinrich?
Stopf es zu, liebe Liese, liebe Liese, stopf es zu!

Womit soll ich's denn aber zustoppen
lieber Heinrich, lieber Heinrich?
Nimm Stroh, liebe Liese, liebe Liese, nimm Stroh!

Wenn das Stroh aber nun zu lang ist,
lieber Heinrich, lieber Heinrich?
Hau es ab, liebe Liese, hau es ab!

Womit soll ich's denn aber abhauen,
lieber Heinrich, lieber Heinrich?
Nimm des Beil, liebe Liese, nimm des Beil!

Wenn das Beil aber nu zu stumpf ist, lieber Heinrich?
Mach es scharf, liebe Liese, mach es scharf!

Womit soll ich et denn aber schleifen, lieber Heinrich?
Nimm 'nen Stein, liebe Liese, nimm 'nen Stein!

Wenn der Stein aber nun zu trocken ist, lieber Heinrich?
Mach ihn nass, liebe Liese, mach ihn nass!

Womit soll ich'n denn aber nass machen, lieber Heinrich?
Hole Wasser, liebe Liese, hole Wasser!

Womit soll ich denn Wasser holen, lieber Heinrich?
Nimm den Topp, liebe Liese, nimm den Topp!

Text / Musikl: trad. 18. Jh.

90. Wenn ich ein Vöglein wär

Wenn ich ein Vöglein wär
und auch zwei Flügel hätt
flög ich zu dir,
|: weil´s aber nicht kann sein, :|
bleib ich allhier.

Bin ich gleich weit von dir
bin ich im Traum bei dir
und red mit dir;
|: wenn ich erwachen tu, :|
bin ich allein.

Keine Stund in der Nacht
da nicht mein Herz erwacht
und an dich denkt
|: dass du mir tausendmal:|
dein Herz geschenkt.

Wenns die Leut nicht haben wolln,
dass wir uns lieben solln,
so gute Nacht.
|: Ob's gleich die Leut verdrießt, :|
lieb ich dich doch.

Text / Musik: trad. 18. Jh.

91. Wenn jemand eine Reise tut

Wenn jemand eine Reise tut,
So kann er was verzählen;
Drum nahm ich meinen Stock und Hut,
Und tät das Reisen wählen.
Da hat Er gar nicht übel,
gar nicht übel, gar nicht übel dran getan;
Verzähl Er doch weiter, Herr Urian!

Zuerst ging's an den Nordpol hin; Da war es kalt, bei Ehre!
Da dacht ich denn in meinem Sinn, Dass es hier besser wäre.
Da hat Er gar nicht übel...

In Grönland freuten sie sich sehr, Mich ihres Orts zu sehen,
Und setzten mir den Trankrug her; Ich ließ ihn aber stehen.
Da hat Er gar nicht übel...

Die Eskimos sind wild und groß, Zu allem Guten träge
Da schalt ich einen einen Kloß Und kriegte viele Schläge.
Da hat Er gar nicht übel...

Nun war ich in Amerika; Da sagt ich zu mir: Lieber!
Nordwestpassage ist doch da; Mach dich einmal darüber!
Da hat Er gar nicht übel...

Flugs ich an Bord und aus ins Meer, Den Tubus festgebunden,
Und suchte sie die Kreuz und Quer, Und hab sie nicht gefunden.
Da hat Er gar nicht übel...

Von hier ging ich nach Mexiko, Ist weiter als nach Bremen;
Da, dacht ich, liegt das Gold wie Stroh, Du sollst 'n Sackvoll
nehmen. Da hat Er gar nicht übel...

Allein, allein, allein, allein, Wie kann ein Mensch sich trügen!
Ich fand da nichts als Sand und Stein, Und ließ den Sack da
liegen. Da hat Er gar nicht übel...

Drauf kauft' ich etwas kalte Kost, und Kieler Sprott und
Kuchen,
Und setzte mich auf Extrapost, Land Asia zu besuchen.
Da hat Er gar nicht übel...

Der Mogul ist ein großer Mann Und gnädig über Maßen
Und klug; er war itzt eben dran, 'n Zahn ausziehn zu lassen.
Da hat Er gar nicht übel...

Hm! dacht ich, der hat Zähnepein, Bei aller Größ' und Gaben!
Was hilft's denn auch, Mogul zu sein? Die kann man so wohl
haben. Da hat Er gar nicht übel...

Ich gab dem Wirt mein Ehrenwort, Ihn nächstens zu bezahlen;
Und damit reist' ich weiter fort Nach China und Bengalen.
Da hat Er gar nicht übel...

Nach Java und nach Otaheit Und Afrika nicht minder;
Und sah bei der Gelegenheit Viel Städt' und Menschenkinder.
Da hat Er gar nicht übel---

Und fand es überall wie hier, Fand überall 'n Sparren,
Die Menschen gradeso wie wir, Und eben solche Narren.
Da hat Er gar übel, gar übel, gar übel dran getan;
Verzähl Er nicht weiter, Herr Urian!

Text: Matthias Claudius 1786 / Musik: Carl Friedr. Zelter 1793

92. Wer hat die schönsten Schäfchen

Wer hat die schönsten Schäfchen?
die hat der gold´ne Mond,
der hinter jenen Bäumen
am Himmel droben wohnt.

Er kommt am späten Abend,
wenn alles schlafen will,
hervor aus seinem Hause
am Himmel leis' und still.

Dann weidet er die Schäfchen
auf seiner blauen Flur,
denn all' die weißen Sterne
sind seine Schäfchen nur.

Sie tun uns nichts zu Leide
hat eins das and're gern,
und Schwestern sind und Brüder
da droben Stern an Stern.

Und soll ich dir eins bringen,
so darfst du niemals schrei´n
mußt freundlich wie die Schäfchen
und wie ihr Schäfer sein

Text: Hofm. v.Fallersleben 1830 / Musik: Joh. Fried.Reichardt 1790

93. Wer will fleißige Handwerker sehn

Wer will fleißige Handwerker sehn
der muß zu uns Kindern gehn
Stein auf Stein, Stein auf Stein
das Häuschen wird bald fertig sein

Wer will fleissige Handwerker sehn
der muss zu uns Kindern gehn!
O wie fein, o wie fein
der Glaser setzt die Scheiben ein.

Wer will fleißige Handwerker sehn
der muss zu uns Kindern gehn!
Tauchet ein, tauchet ein
der Maler streicht die Wände fein.

Wer will fleißige Handwerker sehn
der muss zu uns Kindern gehn!
Zisch, zisch, zisch; Zisch, zisch, zisch
der Tischler hobelt glatt den Tisch.

Wer will fleißige Handwerker sehn
der muss zu uns Kindern gehn!
Poch, poch, poch; Poch, poch, poch
der Schuster schustert zu das Loch.

Wer will fleißige Handwerker sehn
der muss zu uns Kindern gehn!
Stich, stich, stich; Stich, stich, stich
der Schneider näht ein Kleid für mich.

Wer will fleißige Handwerker sehn
der muss zu uns Kindern gehn!
Rühre ein, rühre ein
der Kuchen wird bald fertig sein.

Text / Musik: anonym 20.JH

94. Wide-wide-wenne

Wide-wide-wenne heißt meine Puthenne.
Kann-nicht-ruhn heißt mein Huhn,
Wackelschwanz heißt meine Gans.
Wide-wide-wenne heißt meine Puthenne.

Wide-wide-wenne heißt meine Puthenne.
Schwarz-und-weiß heißt meine Geiß.
Kurzebein heißt mein Schwein.
Wide-wide-wenne heißt meine Puthenne.

Wide-wide-wenne heißt meine Puthenne.
Ehrenwert heißt mein Pferd.
GuteMuh heißt meine Kuh.
Wide-wide-wenne heißt meine Puthenne.

Wide-wide-wenne heißt meine Puthenne.
Wettermann heißt mein Hahn.
Kunterbunt heißt mein Hund.
Wide-wide-wenne heißt meine Puthenne.

Text / Musik: Volksweise Schleswig Holstein 19.JH

95. Winter ade, scheiden tut weh

Winter ade, Scheiden tut weh.
Aber dein Scheiden macht,
daß mir das Herze lacht.
Winer ade, Scheiden tut weh.

Winter ade, Scheiden tut weh.
Gerne vergess ich dein,
kannst immer ferne sein.
Winter ade, Scheiden tut weh.

Winter ade, Scheiden tut weh.
Gehst du nicht bald nach Haus,
lacht dich der Kuckuck aus.
Winter ade, Scheiden tut weh.

Text : Hofm.v.Fallersleben 1835 / Musik: Friedrich Silcher 1827

96. Wo mag denn nur mein Christian sein

Wo mag denn nur mein Christian sein,
in Hamburg oder Bremen?
|: Schau ich mir seine Stube an,
so denk ich an mein Christian. :|

In seiner Stube hängt ein Holz,
damit hat er gedroschen.
|: Schau ich nur diesen Flegel an,
so denk ich an mein Christian. :|

Im Stall da liegt ein Muttersau,
die hat er ausgemistet.
|: Schau ich nur dieses Sauvieh an,
so denk ich an mein Christian. :|

Auf unserm Hof, da steht ein Klotz,
darauf hat er geschlagen.
|: Schau ich nur diesen Holzklotz an
so denk ich an mein Christian. :|

In unserm Stall, da steht ein Ochs,
den hat er oft gemolken.
|: Hör ich nur dieses Rindvieh schrein,
so fällt mir gleich mein Christian ein. :|

Der Esel, der den Milchkarrn zog,
den hat er selbst geführet.
|: Hör ich nur diesen Esel schrei'n,
so fällt mir gleich mein Christian ein. :|

Text/Musik: Schleswig-Holstein 19. Jh

97. Zeigt her eure Füße

Zeigt her eure Füße,
zeigt her eure Schuh´,
und sehet den fleißigen
Waschfrauen zu:
|:Sie waschen, sie waschen,
sie waschen den ganzen Tag.:|

... |:Sie spülen, sie spülen,
sie spülen den ganzen Tag.:|

... |:Sie wringen, sie wringen,
sie wringen den ganzen Tag.:|

... |:Sie hängen, sie hängen,
sie hängen den ganzen Tag.:|

... |:Sie bügeln, sie bügeln,
sie bügeln den ganzen Tag.:|

... |:Sie schwatzen, sie schwatzen,
sie schwatzen den ganzen Tag.:|

... |:Sie tanzen, sie tanzen,
sie tanzen den ganzen Tag.:|

... |:Sie ruhen, sie ruhen,
sie ruhen den ganzen Tag.:|

Text / Musik: anonym Schleswig-Holstein ca.1860

98. Wie schön, daß Du geboren bist

Heute kann es regnen, stürmen oder schneien,
denn du strahlst ja selber wie der Sonnenschein.
Heut ist dein Geburtstag, darum feiern wir,
alle deine Freunde, freuen sich mit dir.
Wie schön dass du geboren bist,
wir hätten dich sonst sehr vermisst.
wie schön dass wir beisammen sind,
wir gratulieren dir, Geburtstagskind!

Uns're guten Wünsche haben ihren Grund:
bitte bleib noch lange glücklich und gesund.
Dich so froh zu sehen, ist was uns gefällt,
Tränen gibt es schon genug auf dieser Welt.
Wie schön dass du geboren bist, ...

Montag, Dienstag, Mittwoch, das ist ganz egal,
Dein Geburtstag kommt im Jahr doch nur einmal.
Darum lass uns feiern, dass die Schwarte kracht,
Heute wird getanzt, gesungen und gelacht
Wie schön dass du geboren bist, ...

Text und Musik: Rolf Zuckowski 1981

99. Viel Glück und viel Segen

Viel Glück und viel Segen
Auf all deinen Wegen,
Gesundheit und Frohsinn
Sei auch mit dabei.

Text und Musik: Geburtstagskanon von Werner Gneist

100. Happy Birthday - Zum Geburtstag

Happy Birthday to you,
happy birthday to you,
Happy Birthday, liebe(r) [...?]*
Happy Birthday to you!

* * * * * * *

Zum Geburtstag viel Glück,
Zum Geburtstag viel Glück,
Zum Geburtstag alles Gute,
Zum Geburtstag viel Glück.

* * * * * * *

Der/Die [_ _ _]* hat Geburtstag heut, tralalalala.
Wir wünschen nur das Beste Dir, tralalalala.

[...]* - Name des Geburtstagskindes

Von demselben Autor sind bei BOD bereits erschienen:

Kinderlieder

ISBN 978-3-7322-3024-2, 108 S.
Weber, Frank (Hrsg.)
100 Kinderlieder, altbekannt und immer wieder gern gesungen

Liederbuch (Deutsche Volkslieder)

ISBN 978-3-8423-6702-9, 312 S.
Weber, Frank (Hrsg.)
300 Volkslieder aus 8 Jahrhunderten und aller Herren Länder

Tausenderlei über die Freiheit

ISBN 978-3-7322-9721-4, 140 S-9721-4, 140 S.
Weber, Frank (Hrsg.)
Mehr als 1000 Zitate, Bonmots und Aphorismen über die Freiheit

Tausenderlei über das Glück

ISBN 978-3-7322-5525-2, 160 S.
Weber, Frank (Hrsg.)
Mehr als 1000 Zitate, Bonmots und Aphorismen über das Glück

Tausenderlei über die Liebe

ISBN 978-3-8423-7474-4, 140 S.
Weber, Frank (Hrsg.)
Mehr als 1000 Zitate, Bonmots und Aphorismen zum Thema Nr. Eins
und darüber, was Menschen zusammenhält oder auseinanderbringt

Weihnachtslieder

ISBN 978-3-7322-3375-5, 108 S.
Weber, Frank (Hrsg.)
100 Weihnachtslieder aus der Heimat und der ganzen Welt